LE DIABLE A QUATRE

OU
LA DOUBLE
MÉTAMORPHOSE,

OPERA-COMIQUE,
EN TROIS ACTES.
Par M. S.....

Représenté pour la première fois sur le Théâtre
de la Foire S. Laurent le 19 Août 1756.
Et repris le 12 Février 1757, à la Foire S. Germain.

Le prix est de 30 sols, avec la Musique.

A PARIS,
Chez DUCHESNE, Libraire, rue Saint Jacques,
au-dessous de la Fontaine Saint Benoît,
au Temple du Goût.

M. DCC. LVII.
Avec Approbation & Privilége du Roi.

ACTEURS.

LE MARQUIS.	M.
LA MARQUISE.	Mlle Baptiste.
Maître JACQUES, *Savetier.*	M. Parant.
MARGOT, *Femme de Jacques.*	Mlle Rozaline.
LUCILE, *Femme de Chambre de la Marquise,*	Mlle Superville.
MARTON, *autre Femme de Chambre de la Marquise,*	Mlle Prudhomme.
UN CUISINIER, UN COCHER. UN MAITRE D'HOSTEL,	} M. De Lille.
UN MAGICIEN,	M. La Ruette.
UN AVEUGLE *jouant de la Vielle.*	M. Bourette.

Des DANSEURS & DANSEUSES, Domestiques du Marquis, & une troupe de Lutins.

La Scene est au Château du Marquis.

LE DIABLE A QUATRE,
OPERA-COMIQUE
EN TROIS ACTES.

ACTE PREMIER.
SCENE PREMIERE.
UN CUISINIER.

AIR : *Ah ! Madame Anrou.*

La méchante femme !
O la méchante femme !
D'un rien elle s'enflâme,
Elle crie, elle bat,
Ah ! c'est un sabat,
Je n'ai de ma vie eu de pareil débat.

C'est un bruit, on ne s'entend pas ; j'étois prêt à servir, la cloche avoit sonné ; j'étois tranquille dans ma Cuisine.

Elle entre, elle saisit d'une main assurée,
Pour le dîner des gens, la soupe préparée.

Patatras, tout est au diable, & je ne sçais plus où j'en suis.

SCENE II.

LE CUISINIER, LUCILE.

LUCILE.

Même Air.

OH ! la voilà partie,
Oh ! la voilà partie,
Oui, c'est une furie
Comme on n'en connoit pas.
Ah ! c'est un fracas
Je n'ai de ma vie
Entendu plus d'éclats.

Elle me demande un verre d'eau, bonnement je le lui apporte ; elle me le jette au visage : Marton se met à rire, elle lui campe un soufflet.

SCÈNE III.
LE CUISINIER, LUCILE, MARTON.

MARTON.

Ariette, notée N°. 1.

Oui, oui, je veux en sortir,
J'en jure
L'injure
Ne peut se soutenir.
Je ne puis le souffrir.
Oui, oui, c'est trop longtems souffrir.
A moi des coups ! Ah ! c'est trop en souffrir,
L'affront ne peut se soutenir.

Ris donc, sotte, avec ton verre d'eau.

LUCILE *en souriant*.

Je ne ris pas, mais c'est que... Ah ! j'en sortirai.

LE CUISINIER.

J'en sortirai aussi. J'aimerois mieux.... j'aimerois mieux....

MARTON.

Je serois bien au désespoir d'y rester; ce qui me fait de la peine, c'est notre Maître qui est un si honnête homme.

LUCILE.

AIR: *Ma commere, quand je danse.*
Sa complaisance m'assomme,
Il est plus doux qu'un mouton.

LE CUISINIER.

Jamais un plus honnête homme
N'eut pour femme un tel Démon.

LUCILE.

Il est trop bon.

LE CUISINIER.

Il est trop bon.

MARTON.

Il est trop bon.

LE CUISINIER.

Il est trop bon.

LUCILE.

Il est trop bon.
Sa complaisance m'assomme,
Il est plus doux qu'un mouton.

LE CUISINIER.

Que voulez-vous qu'il fasse ? Il l'aime, elle est jolie.

LUCILE.

AIR: *La Bergere un peu coquette.*
Une Belle
Sans cervelle
Avoit envain des attraits ;
Je sçais bien si j'étois homme,
Comme
Je la punirais.

SCENE IV.
LE CUISINIER, MARTON, LUCILE Me. JACQUES.

LE CUISINIER.

Demandez à Maître Jacques.
Me. JACQUES.
De quoi s'agit-il ?
MARTON.
Quand une femme....
LUCILE.
Comme notre Maitresse....
LE CUISINIER.
Laissez-moi dire.

AIR: *Jardinier ne vois-tu pas ?*
Quand votre femme en courroux
Auprès de vous s'échappe,
Compere, que faites-vous ?
Me. JACQUES.
Moi, d'abord, crainte des coups
Je frappe, je frappe, je frappe.

Ecoutez-moi.

ARIETTE, Notée N°. 2.
Je veux qu'on me révere,
Et ne connois chez moi
Que ma loi.

LE DIABLE A QUATRE.

Quand un regard sévere
Annonce ma colere,
Ma femme se tient coi,
Tremble à part soi,
Songe à se taire,
Et meurt d'effroi.

LE CUISINIER.

Il faudroit que M. le Marquis prît de vos leçons.

LUCILE.

Que seroit-ce, si elle crioit toute la journée, & ne quittoit jamais la maison ?

MARTON.

Ah ! je crois l'entendre.

Me. JACQUES.

Ne craignez rien, elle est partie, je l'ai vû passer : votre Maître a parlé au Maître d'Hôtel ; il m'a semblé qu'il lui disoit :

AIR : *J'ai rêvé toute la nuit.*

Ma femme est hors de chez nous,
Enfans divertissez-vous,
Faites ensemble un repas.
Ne vous grisez pas,
Ne vous grisez pas,
Tenez, voici dix écus,
Dans sa main je les ai vus.

SCENE V.

Les Acteurs précédens : des DANSEURS ET *des* DANSEUSES, *habillés en Domestiques entrent en se tenant par la main.*

LE CUISINIER *chante.*
Air : *Brillant soleil.*

ENfans, prenez du bon temps,
Le Diable n'est plus céans.

On danse.

Me. JACQUES.
Air : *Quand je tiens de ce jus d'Octobre.*
Mais j'apperçois le pere Ambroise,
Sans doute il sort du cabaret ;
Quand le bonhomme y cherche noise,
Ce n'est jamais qu'au vin clairet.

SCENE VI.

Les Acteurs précédens, LE PERE AMBROISE.

LE PERE AMBROISE.

OU êtes-vous bonnes gens ? On ne vous voit pas.

LE CUISINIER.
Mettez-vous là, Pere.
MARTON.
AIR : *Frere Ignace avoit un cordon.*
Donnez-nous un cotillon nouveau.
LE PERE AMBROISE.
Donnez-moi du vin & n'y mettez point d'eau.
Je m'en vais accorder ma vielle
Allons, Belle,
Allons, acoſtez-vous d'un Jouvenceau,
LUCILE.
Donnez-nous un cotillon nouveau.
LE PERE AMBROISE.
Donnez-moi du vin & n'y mettez point d'eau.

On range l'Aveugle ſur un des côtés du Théatre : il fait toutes les mines d'accorder ſa vielle ; les Filles prennent les Garçons ; on forme la Contredanſe.

SCENE VII.

Les Acteurs précédens, **LA MARQUISE, LE MARQUIS.**

LE CUISINIER.

LA voilà, la voilà, Madame, Madame, la voilà, Madame, la voilà.

La Contredanſe ſe mêle : ils veulent fuir ; ils ſe choquent l'un l'autre ; le pere Ambroiſe joue toujours, & ſuit toujours la Contredanſe ſans changer de place.

OPERA-COMIQUE.

LA MARQUISE.
Air. *Ciel ! L'Univers va-t-il donc &c.*
Ciel quel fracas !
LES DOMESTIQUES.
C'est elle, fuyons vîte.
LA MARQUISE.
Race maudite,
Tu me le payeras ;
En vain vous prenez la fuite,
Vous êtes des scélérats ;
Et toi, coquine ! (*elle tire les oreilles de Lucile.*)
LUCILE.
Ah ! Ah ! Ah ! Ah !
LE MARQUIS.
Madame, ce couroux
Est déplacé ; qui vous oblige... ?
Rentrez, vous dis-je.
LA MARQUISE.
Monsieur, taisez-vous.

SCENE VIII.

LE MARQUIS, LA MARQUISE, MAITRE JACQUES, LE PERE AMBROISE.

LE MARQUIS.
Madame.
LA MARQUISE.
Que fait ici ce coquin de Savetier ?

MAITRE JACQUES.

Je m'en vais, je m'en vais, je sçais bien que vous n'êtes pas bonne.

LE MARQUIS.

Hé, Madame, quel mal ont-ils fait?

LA MARQUISE.

Monsieur, quand vous êtes à la chasse, je ne me mêle ni de vos chiens, ni de vos piqueurs.

LE PERE AMBROISE.

Allons, Enfans, la paix: qu'est-ce qui veut danser? Donnez-moi donc à boire; où en est la Contredanse?

LA MARQUISE.

Attends, je te vais donner de la contredanse. (*elle lui casse sa vielle & la jette à terre.*)

LE PERE AMBROISE.

AIR: *L'aluette, ah! qui me la remettra?*

  Ma vielle,
  Ma vielle,
Ah! qui me la remettra?
Pourquoi me chercher querelle?
  Ah! ma pauvre vielle,
Moi qui n'avois que cela,
  Ma vielle,
  Ma vielle,
Qui me la racommod'ra?

LE MARQUIS.
Tiens, mon cher ami.
LA MARQUISE.
Ces misérables.
LE PERE AMBROISE *(retirant sa main.)*
Monsieur, je vous demande pardon.
LE MARQUIS.
Je ne te veux point de mal.
LA MARQUISE.
Cette coquine de Lucile.
LE PERE AMBROISE.
AIR : *Nous sommes précepteurs d'amour.*

Ah ! si je sçavois mon chemin !
Je sortirois d'ici bien vîte.

LE MARQUIS.
Mon ami, donnez-moi la main.
LE PERE AMBROISE.
Mon bon Monsieur, en suis-je quitte ?
LA MARQUISE.
AIR : *Belle Princesse.*

Ah canaille !
Ah canaille !
Vous vous mettez à danser,
A boire, à faire ripaille.
Ah canaille !
Ah canaille !

Il y a dans les airs notés à la fin une ARIETTE No. 3, *qui se chante à la place du Couplet ci-dessus, lorsque l'Actrice y est disposée.*

SCENE IX.

LA MARQUISE, MARTON, LE MARQUIS, LE DOCTEUR.

MARTON.

Madame.

LA MARQUISE.

He bien!

MARTON.

Madame.

LA MARQUISE.

Veux-tu parler.

MARTON.

Madame le Docteur Zambulamec, ce grand homme, cet homme si sçavant, qui fait grêler quand il veut, s'est égaré de son chemin : il demande à se reposer chez vous.

LA MARQUISE.

Air : *Des fleurettes.*

Cela très-peu m'importe.

LE DOCTEUR.

Madame, permettez...

LA MARQUISE.

De vous mettre à la porte.
Vîte, à l'instant, sortez.

LE MARQUIS.
Mais enfin....
LA MARQUISE.
Que j'héberge
Ici quelque fripon ;
Le sot prend donc ma maison
Pour une auberge.
LE MARQUIS.
Madame, rentrez, je vous prie. Monsieur, excusez.
LA MARQUISE.
Je vais te faire rouer de coups, si tu restes, misérable fainéant avec ta robe ; plutôt que de labourer la terre. Il faut envoyer aux galeres ces coquins-là.
LE MARQUIS.
Monsieur, je vais vous envoyer quelqu'un pour vous conduire chez mon Fermier. Madame, rentrez : vous pouvez avoir quelque chose à dire à vos gens.
LA MARQUISE.
Oui, oui, je vais leur dire.

SCENE X.
LE DOCTEUR.
AIR. *J'ai bien la plus simple femme.*

NON, jamais méchante femme
Ne le fut à cet excès ;

Je serois digne de blâme
Si je ne la punissois.
Elle verra la vengeance
Que prend un sot tel que moi ;
Moi dont la haute puissance
Tient tout l'enfer sous sa loi.

Quelqu'un vient ; allons plus loin méditer ma vengeance.

SCENE XI.

MARGOT, LE DOCTEUR *au fond du Théâtre*.

MARGOT.

AH, l'on m'avoit dit qu'on dansoit ici, & il n'y a personne ? Voilà un bon tour. Si je prenois du tabac à présent que je suis seule ?

AIR noté. N°. 3.
(*Rapant & prenant du tabac.*)
Je n'aimois pas le tabac beaucoup,
J'en prenois peu, souvent point du tout ;
Mais mon mari me défend cela.
   Depuis ce moment là
   Je le trouve piquant,
     Quand
J'en peux prendre à l'écart ;
     Car
Un plaisir vaut son prix,
     Pris
En dépit des maris.

Ah!

Ah! qu'est-ce que ce Monsieur-là? Il doit être bien sçavant, car il a une grande robe.

LE DOCTEUR.

Est-ce vous, ma chere Enfant, qui devez me conduire chez le Fermier du Château?

MARGOT.

Non, Monsieur : mais, si vous voulez, je le ferai avec plaisir.

LE DOCTEUR.

AIR. *Si vous étiez son époux.*
Que cherchez-vous donc ici?

MARGOT.

Mon mari.

LE DOCTEUR.

Votre mari?

MARGOT.

Monsieur, oui :
Dans ces lieux il devoit être.

LE DOCTEUR.

Je n'ai pas le bonheur de le connoître.

MARGOT.

Ah, Monsieur, c'est bien de l'honneur pour lui.

LE DOCTEUR.

Quelle est sa profession, son état? Et quel est votre nom?

MARGOT.

Il se nomme Jacques : il est Cordonnier

B

pour femmes. Je m'appelle Madame Jacques; & au Château, Margot tout court.

LE DOCTEUR à part.

Il me vient une idée : oui, cela peut servir à ma vengeance. Madame Jacques, vous me conduirez donc chez ce Fermier ?

MARGOT.

Plus loin encore, s'il le falloit.

LE DOCTEUR.

AIR. *Tout le monde m'abandonne.*

Vous êtes trop complaisante,
Je dois vous remercier ;
De votre humeur obligeante
Je m'engage à vous payer.

MARGOT.

Je suis bien votre servante,
Et vous pouvez m'employer.

LE DOCTEUR.

AIR. *Tout roule aujourd'hui, &c.*

Pour vous récompenser, ma chere,
Donnez, donnez-moi votre main.

MARGOT.

Eh, Monsieur, qu'en voulez vous faire ?

LE DOCTEUR.

J'y veux lire votre destin.
Apprenez la bonne aventure
Que reservent pour vous les Cieux :
De mes paroles soyez sûre ;
Je lis dans les secrets des Dieux.

Je vais vous apprendre tout ce qui vous arrivera.

MARGOT.
Ah, Monsieur, s'il y a du mal, ne me le dites pas.

LE DOCTEUR.
Ne craignez rien. Je vois déjà que votre mari vous a battue hier.

MARGOT.
C'est vrai ; Jacques me bat, mais pas toujours.

LE DOCTEUR.
Air. *Pour héritage.*
O Ciel, que vois-je ?
Quel suprême bonheur !
Mais qu'apperçois-je ?

MARGOT.
Ne me faites point peur.

LE DOCTEUR.
Je vois, je vois des laquais & des pages,
Meubles exquis,
Grands équipages,
Et puis un Marquis.

MARGOT.
Pour moi, Monsieur ?

LE DOCTEUR.
Oui, pour vous.

MARGOT.
Et Jacques ?

LE DOCTEUR.
Il aura une Marquise.

MARGOT.
Oh, je ne le veux pas. Aurai-je un carosse ?

B ij

LE DOCTEUR.

Oui, attendez un carosse.

MARGOT.

Un carosse ?

LE DOCTEUR.

Oui, un carosse ; un, deux, trois.

AIR. *Folies d'Espagne.*

Quand vous verrez, écoutez Marguerite,
Quand vous verrez reluire à ces trois doigts
Trois beaux anneaux, ou trois bagues d'élite,
Vous aurez tout alors à votre choix.

MARGOT.

Et un carosse ?

LE DOCTEUR.

Et un carosse.

AIR. *Des Proverbes.*

Mais retenez ce que je vais vous dire ;
Quand tout en vous de forme changera,
Soyez discrette, & gardez-vous d'instruire
Quiconque près de vous sera.

Comme Marquise, agissez en Marquise.

MARGOT.

Oui, être bien fiere, bien méchante, bien..... J'aurai de la peine : mais sera-ce bien-tôt ?

LE DOCTEUR.

Demain.

MARGOT.

Demain ?

LE DOCTEUR.

Allez m'attendre sous ce grand chêne; vous me conduirez chez le Fermier; & souvenez-vous de moi, quand vous serez Marquise.

MARGOT *à part en s'en allant.*

Un carosse! Trois bagues à mes trois doigts! Il a bien dit que Jacques me battoit. Ah, l'habile homme!

SCENE XII.
LE DOCTEUR.
AIR. *Ciel, l'Univers, &c.*

QUE l'Univers apprenne ma vengeance:
Sortez, Démons, brisez, brisez vos fers:
 De la folle qui m'offense
 Venez punir les travers;
 Nulle indulgence
 Pour les pervers:
Et toi, noir Souverain
De la caverne souterraine,
 Entre en ma peine,
 Et venge mon chagrin.
AIR. *Des Folies d'Espagne.*
On traite ici de fables ridicules
Ce que l'on dit de ton pouvoir fatal;
Viens avec moi, confonds les incrédules,
Qui se mocquoient du séjour infernal.

LE DIABLE A QUATRE.

AIR. *On vit des Démons.*

Sous des traits badins
Accourez, Lutins,
Accourez, troupe formidable;
Mais prenez une figure aimable,
Démons de nos colifichets,
Démons de nos Abbés coquets,
Démons de nos galants plumets,
Démons chicaneurs du Palais,
Lure lure & lure, & flon flon flon,
Ayez-en le ton
Et l'allure.

Les Démons paroissent en Abbés, en Plumets, en Procureurs. Ils dansent sur l'air, Courez vîte, prenez le Patron. *Ici un pas de Ballet de la Vengeance, dont l'habillement est couvert de masques; dans une main des serpents; dans l'autre, un masque qui couvre un poignard.*

La contredanse reprend. Un Démon s'avance un tison à la main, & dit:

AIR. *Sur un sopha.*

Nous accourons
Du fond de nos antres profonds;
Répond,
Et sois prompt;
Veux-tu la guerre ou la paix?

LE DOCTEUR.

Paix.

AIR. *Au fond de mon caveau.*

Aussi-tôt que la nuit
Rendra ce lieu plus sombre,

Il faut aller sans bruit
    Au lit,
A la faveur de l'ombre,
Enlever hors de ce logis
La femme du Marquis;
La porter aussi-tôt
Dans le lit de Margot,
Sous le toit de Jacquot,
Et mettre Margot à la place
    Dans ce logis.
Change jusqu'aux habits;
    Les maris
    Endormis
Doivent en ignorer la trace.
    Vîte, obéis.

Que sous les traits de Margot elle apprenne à devenir douce comme elle; & que Margot, sous les traits de la Marquise, reçoive la récompense de sa douceur. Pour nous, allons chez le Fermier.

Fin du premier Acte.

ACTE II.

Le Théâtre représente une Boutique de Savetier: on voit un méchant grabat sur un des côtés. Les Diables enlevent Jacques & le posent à terre sur le devant du Théâtre, la tête sur un escabeau, & cependant la Marquise est vûe sur ce grabat.

SCENE PREMIERE.

Me. JACQUES, LA MARQUISE.

Me. JACQUES *se réveille, bâille, tâte le pied de l'escabeau, ensuite l'escabeau.*

AIR: *Le sombre Roi Pluton.*

'EST, je crois, un treteau;
Non, c'est l'escabeau.
Le tour est nouveau,
Le plaisant berceau!
C'est sur le careau
Que je suis étendu comme un veau.

Ahi! j'ai le cou démis;
Qui peut m'avoir mis
Sur ce plaisant tapis?
Je n'étois pas gris;
Mais je suis habillé,
Me serois-je éveillé?
D'un pareil tour je suis émerveillé,
Oui, je me souviens bien
De l'entretien
Qu'eut ma femme, à la fin,
Sur ce devin.
Je me suis fâché,
Je me suis couché,
Je me suis levé,
J'aurai rêvé.

Margot! elle auroit bien dû me le dire: quelle heure peut-il être? Il est bien cinq heures. Margot, leve-toi, allume la lampe; mais si avant de la réveiller je buvois un petit coup de cette affaire; il ne faut pas que les femmes sçachent tout.

ARIETTE, Noté N°. 4.
En grand silence,
Faisons dépense
D'un doigt de brandevin.
Oui, pour l'ouvrage,
Ce doux breuvage
Donne en partage
Plus de courage;
Tout homme sage
En boit chaque matin.

26 LE DIABLE A QUATRE,
Se sent-on lourd, chagrin,
Et dans l'esprit enfin
Quelque nuage ?
En un moment la tête se dégage :
Pour le travail on est plein de courage,
On est gaillard, & pour se mettre en train,
Rien n'est plus sain.

Il boit.

LA MARQUISE.

Qu'est-ce que j'entens-là ; ma petite chienne sera tombée. Lisette, Lisette, venez ici, ma mere, venez maman ; (*Elle tâte pour trouver la sonnette.*) Mais je ne trouve pas le cordon de ma sonnette.

Me. JACQUES.

Elle parle toute seule ; à ta santé, Margot, *Il boit.*
De mon pot je vous en répond,
Mais de Margot, non, non.

Il boit encore.

LA MARQUISE.

Mais quelle insolence ! ce coquin de cocher m'étourdit tous les matins, je le mettrai dehors ; mais je ne trouve pas cette sonnette.

Me. JACQUES.

Je crois qu'elle est folle : Margot !

LA MARQUISE.

Mais je ne la trouve pas ; Lucile, Lucile.

OPERA-COMIQUE.

Me. JACQUES.

Du fil, du fil; il faut qu'elle ait quelque chose à coudre.

AIR: *Palsembleu M. le Curé.*

Puisque tu veux te préparer
Si matin pour ton ménage,
Attends, Margot, je m'en vais t'éclairer;
Tu feras mieux ton ouvrage.

Il cherche & bat le briquet.

LA MARQUISE.

Qui est-ce donc qui fait du feu dans mon appartement? Lucile, Lucile, Marton! Mais voilà qui est affreux.

Me. Jacques allume la lampe, va à son lit, tire le bout du rideau, la fait voir toute habillée & sur son séant; elle ouvre de grands yeux, & se jette hors du lit.

Ah! ciel! où suis-je?

Me. JACQUES.

AIR: *Dans le fond d'une écurie.*

Je te vois émerveillée,
Ton air me semble bouru;
Moi j'ai dormi tout vêtu,
Te voilà toute habillée;
A la fin m'as-tu bien vû?
Tu n'es pas trop éveillée.
A la fin m'as-tu bien vû;
Hé bien, me reconnois-tu?

LA MARQUISE.

Oui, je te reconnois, infâme, tu es ce

coquin de Savetier qui demeure en face du Château.

Me. JACQUES.
Tu as bien de la mémoire.
LA MARQUISE.
Tu te nommes Me. Jacques.
Me. JACQUES.
AIR: *Vous qui feignez d'aimer.*
Quoi ! Tu t'en ressouviens ?
LA MARQUISE.
Cela n'est pas équivoque.
Me. JACQUES.
Oui, Margot, j'en conviens.
LA MARQUISE.
Finissons ce colloque,
Sans nuls raisonnements;
Vîte, je veux apprendre
Pourquoi ces changemens;
Si tu mens,
Je te ferai pendre.
Me. JACQUES.
Mais elle est folle, Margot.
LA MARQUISE.
Oui, je veux tout sçavoir; qui m'a fait porter ici; qui m'a mise sur ce lit; qui m'a souillée de ces guenilles, & l'attentat le plus noir, l'infamie, l'horreur, l'indignité la plus affreuse envers une femme de ma condition....

Me. JACQUES.

AIR: *A quoi s'occupe Madelon ?*
Mais rêvé-je ou bien rêves-tu ?
Quel galimatias viens-tu faire ?
Mais rêvé-je ou bien rêves-tu ?
Quel diable d'esprit tortu !

LA MARQUISE.

Réponds-moi si tu veux que je te pardonne ; avoue-moi tout, conduis-moi au Château, & là....

Me. JACQUES.

Mais tu dors encor, je vais te sécouer.

LA MARQUISE.

Ne m'approche pas.

Me. JACQUES.

Donne-moi la main.

LA MARQUISE.

Ne me tutoye pas.

Me. JACQUES.

Donne-moi la main.

LA MARQUISE.

Tu me conduiras donc.

Me. JACQUES.

Oui.

AIR: *C'est ce qui vous enrhume.*
Tu voulois du fil,
Tu voulois du fil ;
Finis un peu tout ce babil,
A la fin je m'en lasse ;
Suis-je ton jouet ?

LE DIABLE A QUATRE,

Voici ton rouet,
Et voilà ta filaſſe.
Travaille, ou morbleu.

LA MARQUISE *lui donne un ſoufflet.*
Tiens, coquin; je t'apprendrai à reſpecter une femme de ma ſorte.

Me. JACQUES.
Ah! parbleu, voilà la premiere fois qu'elle me prévient; mais tu me le payeras.

*Il tourne dans la chambre,
cherche ſon tirepied.*

LA MARQUISE.
Ah! c'eſt un tour du Marquis.

AIR: *Quoi! c'eſt donc-là cet objet radieux.*
Il m'a donné pour changer mon état
Quelque poiſon, afin que je m'endorme;
Il m'a donné pour changer mon état
Quelque poiſon; oui, c'eſt un ſcelerat.
Complot énorme!
L'on me transforme.
Pour me venger je vais faire un éclat;
Il faut en forme
Que je m'informe
Qui peut avoir conduit cet attentat.
Il ma donné pour changer mon état, &c.

Me. JACQUES *la bat.*
Ah! ah! coquine, vous faites ſabat.

LA MARQUISE.
Ah! ſcélérat.

OPERA-COMIQUE.

Me. JACQUES.
Ah, coquine!

LA MARQUISE.
Je me trouve mal; je me meurs.

Me. JACQUES *va chercher le sceau où il met tremper ses cuirs.*

AIR. *Accordons ma musette.*
Pour aller à ton aide
Je sçais un bon remede :
Je vais à mon plaisir
Te faire revenir.

LA MARQUISE.
Ah! il n'est pas possible de s'évanouir avec ce coquin-là. Hé bien, misérable, veux-tu me tuer?

Me. JACQUES.
Non; je veux que tu baises la joue que tu as frappée.

LA MARQUISE.
Moi, oh Ciel!

Me. JACQUES.
Tu hésites?

LA MARQUISE.
Jamais.

Me. JACQUES.
Je recommencerai.

LA MARQUISE.
Plutôt mourir.

Me. JACQUES.
Je t'assommerai.

LA MARQUISE.

Il me tueroit... Si je sçavois où est la porte. Par grace, écoute-moi. Tu as eu la hardiesse de me.... Enfin, tu as mérité la potence.

Me. JACQUES.

Oui, comme faux monnoyeur.

LA MARQUISE.

Par grace, remene-moi au Château, je te donnerai vingt loüis.

Me. JACQUES.

AIR. *Ah, la drôle d'histoire.*

Quoi, vingt loüis ! Ah ! donne,
Je les prends de bon cœur ;
De plus, je te pardonne.

LA MARQUISE *fouille dans sa poche, & en tire une petite rape à tabac qu'elle jette à terre.*

Ah, grands Dieux, quelle horreur !

Me. JACQUES *ramassant la rape.*

Tu as beau la cacher, je l'ai vûe. Tu prendras donc encore du tabac !

LA MARQUISE.

Mon cher cœur, je t'en prie, écoute-moi.

Me. JACQUES.

AIR. *De Joconde.*

Oui, je veux bien avoir la paix ;
Que veux-tu que j'écoute ?

LA MARQUISE.

Dis à quelqu'un de mes laquais....

Me.

OPERA-COMIQUE.

Me. JACQUES *à part.*

C'est ce sorcier sans doute.

LA MARQUISE.

Qu'il fasse mettre au berlingot
Mes chevaux au plus vîte.

Me. JACQUES.

Berlingot, oh quel vertigo
La tourmente & l'agite !

C'est ce Magicien : veux-tu que je recommence ? Mais non, je la tuerois. Par plaisir laissons la dire, pour voir si cela finira.

LA MARQUISE.

Ariette Noté N° 5.

Le désespoir de moi s'empare ;
Ah ! ma raison s'égare :
  Barbare, Barbare,
Tu vois en ce moment
L'excès de mon tourment.
Ah ! du moins, pour soulagement,
Que je meure promptement !

Me. JACQUES *à part.*

Barbare ! Barbare ! Où diable prend-elle ces mots-là ? Je crois qu'elle devient folle. Il faut que je la ramene doucement.

LA MARQUISE *à part.*

Il faut que je parle encore avec douceur à un scélérat comme celui-là ? Cela me suffoque.

C

Me. JACQUES.

Morbleu, la paix.

LA MARQUISE.

Tiens, Me. Jacques.

Me. JACQUES.

Tiens, Margot.

LA MARQUISE.

Je te pardonne tout.

Me. JACQUES.

Et moi aussi.

LA MARQUISE.

Mais, va-t-en.

Me. JACQUES.

Mais, travaille.

LA MARQUISE.

Ah !

Me. JACQUES.

Je crois qu'on frappe. (*Il va ouvrir.*) Qui peut venir si matin ? Travaille, ou morbleu...

LA MARQUISE.

A i r. *De la Touriere.*

O Ciel ! peut-on jamais voir
D'aventure aussi cruelle ?
Ciel ! peut-on jamais se voir
L'objet d'un crime aussi noir ?
Mais je crois appercevoir....
C'est Lucile, oui c'est elle ;
Qui pourroit jamais prévoir ?...
Enfin, je vais tout sçavoir.

OPERA-COMIQUE.

Oh! je vais dévoiler cette horreur. Ils parlent bas. Me montrerai-je ? Lui parlerai-je ? Non : écoutons. O, Ciel! donne moi la patience.

SCENE II.

Me. JACQUES, LA MARQUISE, LUCILE.

Me. JACQUES.

Qui vous amene si matin, Mademoiselle ?

LUCILE.

C'est pour mes pantoufles ; je suis accourue avant que Madame fût réveillée.

LA MARQUISE *à part*.

Ils se couperont.

Me. JACQUES.

Je les aurois envoyées ; mais ma coquine s'est amusée avec un Docteur, un Magicien.

LA MARQUISE, *à part*.

Ce Docteur, ce Magicien d'hier ; voilà le nœud.

LUCILE.

Je ne l'ai pas vue votre femme,

C ij

Me. JACQUES.

Votre Maîtresse fait-elle encore le sabbat ?

LUCILE.

Ah! c'est pis que jamais.

AIR. *Quand l'Auteur de la nature.*

Elle fait le diable à quatre,
Elle ne sçait que crier & battre ;
Dans sa tête,
Toujours prête
A songer
Comment faire enrager.

Me. JACQUES.

C'est comme chez-nous, & que fait son Mari ?

LUCILE.

Son mari, d'un parfait mérite,
N'en éprouve que du tourment :
Tout l'agite,
Tout l'irrite ;
On ne l'aborde qu'en tremblant.
Que quelque chose la dépite ;
Elle prend son air insolent ;
Elle fait le diable, &c.

LA MARQUISE.

Ah coquine ! (*à part.*) Lucile ; me reconnoissez-vous ?

LUCILE.

Me. Jacques, c'est-là votre femme ?

LA MARQUISE.

Ah ! tu ne reconnois pas ta Maîtresse ?
(*Elle la bat.*) Ah, misérable !

LUCILE.
Ah, Me. Jacques!

Me. JACQUES.
Ah, double chienne!

LUCILE.
Ah, vous me frappez!

LA MARQUISE.
Ah, tu me frappes!

Me. JACQUES.
Ah, tu frappes : à genoux tout à l'heure.

LA MARQUISE.
Comment, à genoux?

Me. JACQUES.
AIR. *Voici les Dragons qui viennent.*
Fais excuse, ou point de grace.

LUCILE.
Pourquoi donc ces coups?

Me. JACQUES.
Vous injurier en face :
Oui, je veux qu'elle le fasse.
Vîte, à genoux;
Vîte, à genoux.

LA MARQUISE.
Oh! Ciel.

Me. JACQUES.
Veux-tu?

LA MARQUISE.
Non, jamais.

C iij

LUCILE.
Maître Jacques, laissez votre femme, je la crois folle.

Me JACQUES.
Non, je le veux.

LA MARQUISE.
Que faire ? que devenir ? Je meurs de douleur.

Me JACQUES *la jettant à genoux.*
Tu mourras de ma main avant.... Mademoiselle Lucile, veux-tu dire ?

LA MARQUISE *à genoux sur ses talons.*
Mademoiselle, oh ! quelle indignité !

Me JACQUES.
Quelle indignité, à moi !

LA MARQUISE.
Frapper une femme de condition.

Me JACQUES.
Frapper une femme en condition & une pratique encore.

LUCILE.
Maître Jacques je le lui pardonne.

Me JACQUES.
Je crois qu'on l'a ensorcelée.

AIR : *Non, je ne ferai pas.*

Non, je ne conçois pas son excès d'insolence,
Pour elle heureusement j'ai de la patience ;
Je suis la douceur même ; un autre en pareil cas,
Iroit prendre un bâton ; mais je ne m'en sers pas.
Oh ! si j'étois gris !

OPERA-COMIQUE.
LUCILE.

Adieu, Me. Jacques.

Me. JACQUES reconduit Lucile & cependant la Marquise veut s'échapper.

Où veux-tu aller ? A l'ouvrage, coquine.

LA MARQUISE.

AIR: *Un jour que j'avois mal dansé.*

Je ne sçais plus que devenir,
Si d'ici je pouvois sortir ;
Ils ferment le passage,
Dans mon dépit, dans ma fureur …
Oui, je sens naître dans mon cœur
Mille transports de rage.

Je suis meurtrie, il vient ; je tremble de frayeur, le scélérat !

SCENE III.

LA MARQUISE, Me. JACQUES.
Me. JACQUES.

OH ! Je t'apprendrai ; souffle la lampe, il fait grand jour.

Elle va souffler la lampe, il se met à l'ouvrage, s'assied sur son escabeau.

Rossignolet du bois,
Rossignolet sauvage.

Prends mon bonnet, donne-moi ma perruque ; il faut un air décent.

C iv.

Tu ne vois pas cette perruque par terre ; on diroit que tu as peur de te baisser.

 Rossignolet du bois,
 Rossignolet sauvage.

La Marquise ramasse la perruque, l'apporte & dans le tems qu'il se baisse pour ramasser quelque chose, elle lui jette sa perruque, le bat, le culebute & se sauve.

SCENE IV.
Me. JACQUES.

MAIS cela me passe, je ne la conçois point du tout.

 AIR : *A coups pieds, à coups de poings.*

Qu'une femme à propos de rien,
Gronde son homme comme un chien,
 Aisément cela se peut croire ;
Mais dans l'instant que j'suis trop doux,
Que des cris elle en vienne aux coups :
 Sarpedié je ne suis pas tendre, elle s'est sauvée au Château, je vais l'y trouver ;
 Et je veux être un chien,
 A coups de pieds, à coups de poings,
Je lui casserai la gueule & la machoire.

Fin du second Acte.

ACTE III.

Le Théâtre représente un bel Appartement.

SCENE PREMIERE.

MARGOT *à demi couchée sur une Bergere revêtue des habits de la Marquise, se réveille au bruit d'une pendule qui sonne, elle est surprise, étonnée.*

AIR: *Quel voile importun ?*

AH ! que je fais un beau songe !
Où suis-je ? En quels lieux ?
Serois-je dans les Cieux ?
Ah ! Si ce n'est qu'un mensonge,
D'un pareil sommeil
Que je crains le réveil !
Les beaux habits ! c'est de la soye,
Oui, je les touche en ce moment ;

Mais se peut-il que je me voie,
Et qu'ainsi je m'admire en dormant?

Ah! que je fais, &c.

Mais je ne dors pas, ah! que je suis bien habillée, les belles manchettes, mais je fais tout ce que je veux, je remue les doigts.

AIR: *Nous venons de Barcelonette.*

Non, ce n'est pas un sortilége,
Oh, Ciel! j'apperçois à mes doigts,
Une, deux & trois, me trompé-je?
Des bagues au nombre de trois.

Ah! le Devin me l'a dit, c'est le Devin : je suis une Dame. La belle chambre, les belles chaises, les beaux miroirs; ah! si tout cela est à moi, que je suis riche!

ARIETTE. N°. 6.

Quel plaisir me transporte,
Jamais on n'en éprouva de la sorte :
Ah! ah! ah!
Mon cœur s'en va.

Mais que sens-je à mes oreilles? (*elle fait l'action de chasser quelque chose.*) mais ce sont des pendans d'oreilles, ah! que je me voie. (*Elle se regarde dans une glace & se retourne avec frayeur.*) Ah! j'ai eu peur, j'ai cru voir la Marquise, mais c'est moi; non, c'est elle; si, c'est moi, c'est moi; c'est peut-être que les miroirs des Dames ne rendent jamais leur ressemblance : ah! que je suis aise!

AIR : *Des Proverbes.*

Mais le Devin m'a dit de ne rien dire,
Si-tôt qu'en moi la forme changera,
Gardez-vous bien, disoit-il, d'en instruire
Quiconque près de vous sera.

Comme Marquise, agissez en Marquise... Je vais être fiere; mais, j'entends quelqu'un : ciel! où me mettre, où me cacher? faisons plûtôt semblant de dormir.

SCENE II.

MARGOT, LUCILE.

LUCILE.

J'Ai cru entendre marcher, (*en racommodant sa coëffure :*) mais voyez cette méchante femme de me battre.

MARGOT *à part.*

C'est Lucile.

LUCILE.

AIR : *L'autre jour dans une Chapelle.*
Ah! je vois Madame endormie,
Dans l'instant que je suis sortie,

Elle aura fait venir Marton,
Il n'est plus d'espoir de pardon.

MARGOT.

Lucile.

LUCILE.

Ah ! quelle gamme !

MARGOT.

Lucile.

LUCILE.

Ah ! quel effroi !
Pardonnez-moi , Madame,
Pardonnez-le moi.

MARGOT *à part.*

Si je me léve, elle va me reconnoître.

LUCILE *racommodant le bonnet de Margot.*

AIR: *Approchez mon aimable Fille.*

Si Madame veut le permettre,
Marton auroit bien dû vous mettre
Un autre bonnet.

MARGOT.

Ah ! c'est bon.

LUCILE.

C'est bon.
Marton n'est guere intelligente,
Un instant, c'est au mieux.

MARGOT.

Vous me faites honneur.

LUCILE.

Honneur !

MARGOT.

Je suis toujours contente.

LUCILE.
C'étoit mal.
MARGOT.
C'étoit bien, mon cœur.
LUCILE.
Mon cœur !
Ah ! qu'elle est complaisante !
MARGOT.
Me leverai-je ? Hélas !
Je, je, je n'ose pas.
LUCILE.
Appuyez-vous, voici mon bras.
MARGOT.
Je vous suis bien obligée.
LUCILE.
AIR : *Le Jardinier de ma mere.*
Que tant de bonté m'étonne !
Que son caractere est doux !
MARGOT.
Oui, je veux vous rendre heureux tous.
LUCILE.
Certe, Madame est bien bonne.
MARGOT.
Mademoiselle, entre nous,
Dites, pour qui me prenez-vous ?
LUCILE.
Pour qui ? moi, vous méconnoître !
    Aurois-je pû le paroître ?
    Par un air moins circonspect,
    Ai-je eu le malheur peut-être
    De vous manquer de respect ?

MARGOT.
Non, bien au contraire ; mais c'est que...
LUCILE.
Madame.
MARGOT.
Rien, rien.
LUCILE.
Ferai-je approcher la Toilette ?
LUCILE.
Apportez la Toilette ?

Des Laquais entrent & apportent une Toilette.

MARGOT *à part.*
Elle me prend pour la Marquise ; le Devin a fait que je suis Marquise, trédame que je suis aise ! Des Laquais ! Oh ! j'ai des grands Laquais. (*Elle les lorgne.*)

LUCILE.
Quel bonnet veut mettre Madame ? Le Cabriolet, le Rhinocéros. Le Chocolat est prêt.

MARGOT.
Mettez-moi le Chocolat, le Chocolat.

Le Maître d'Hôtel entre & présente le Chocolat.

Qu'est-ce que ça ?

LUCILE.
Votre Chocolat : est-ce que Madame ne veut pas déjeûner ?

OPERA-COMIQUE,
MARGOT.

AIR: *Ne v'là-t'il pas que j'aime.*

Comme il est noir, en v'là beaucoup.

LUCILE.
Madame c'est la dose.

MARGOT *après en avoir goûté.*
Fi donc! je n'en veux point du tout,
Ah! la mauvaise chose!
Donnez-moi plûtôt du pain & du cidre, un demi-septier.

LE Me. DHOSTEL.
Du vin seroit meilleur.

MARGOT.
Oui, mon chere Monsieur, oui, du vin si vous en avez. Frisez-moi, ma bonne amie.

LUCILE.
Je n'ai pas de papier, si Madame veut lire en attendant.

MARGOT.
En voilà, en voilà.
Elle déchire les feuillets d'un Livre.

LUCILE.
Quoi! Madame, vous déchirez ce Poëme que vous estimez tant.

MARGOT.
Ce Poëme! Non, c'est du papier.

SCENE IV.
MARGOT, LUCILE, LE COCHER.
LUCILE.

AIR: *Ah! qu'il est long dondon.*

Qui t'empêche de t'approcher ?
Qui t'empêche de t'approcher ?

LE COCHER.

Que sçais-je ? On craint de la fâcher,
Je n'ose, je n'ose.

LUCILE.

Rien ne doit t'empêcher,
C'est autre chose.
Elle est d'une douceur, on ne la reconnoît plus.

MARGOT *cependant fouille sur la Toilette, ouvre les boëtes, en trouve une de tabac d'Espagne, & en prend.*

Qu'il est fin ce tabac-là ! Comme il est jaune ! (*Elle éternue.*) Il est bien fort. Que voulez-vous, Monsieur ?

LUCILE.

C'est votre Cocher, Madame.

LE COCHER *parlant à Lucile.*

Je voudrois sçavoir si Madame veut le grand carosse ou le berlingot.

MARGOT.

MARGOT.
Le grand, le grand caroſſe!
LE COCHER.
A combien de chevaux.
MARGOT.
Tout plein, tout plein; des blancs, des blancs, mon cher ami; pourrois-je le voir mon grand caroſſe?
LE COCHER.
Si Madame veut par la fenêtre de ſon cabinet.....
MARGOT.
Voyons par cette fenêtre.

SCENE IV.
LUCILE.

Mais je ne la reconnois pas. Eſt-ce repentir? Eſt-ce caprice? Quel changement? Qu'elle eſt bonne aujourd'hui; je l'aime à la folie.

Air: *Nous ſommes précepteurs d'amour.*

    Qu'il eſt facile à la Grandeur
    D'impoſer des loix à notre ame;
    Un coup d'œil ſoumet notre cœur,
    Une politeſſe l'enflâme.

SCENE V.
LUCILE, LE MARQUIS.
LUCILE.
AIR : *De tous les Capucins du monde.*

AH ! Monsieur, l'heureuse nouvelle !
Madame qui toujours querelle,
Madame.
LE MARQUIS.
Hé bien ?
LUCILE.
Grace à nos vœux,
Nous allons vivre d'une sorte
A nous estimer tous heureux.
LE MARQUIS.
Quoi ! la Marquise est-elle morte ?

SCENE VI.
LUCILE, LE MARQUIS, MARGOT.
MARGOT.

LE grand carosse, le grand carosse. Ah ! voici le Marquis, que vais-je devenir !

OPERA-COMIQUE.
LE MARQUIS.
AIR: *Vous avez bien de la bonté.*

Que mon cœur, Madame, est flatté
De ce que l'on m'annonce !
Pour me livrer à la gaité
J'attends votre réponse ;
Notre paix, notre volupté
Ne dépend plus que de vous-même,
Que de vous-même.

MARGOT.
Monsieur, en vérité,
Vous avez bien de la bonté.

LE MARQUIS.
Ah ! ma chere femme, soyez douce, & ne vous manquera rien.

Il lui baise la main

MARGOT.
Ah ! il sent bon comme un bouquet, le cœur me bat.

LE MARQUIS.
AIR : *De l'amour je subis les loix.*

Un air fin,
Un souris malin,
Un beau tein,
La taille & la main,
Un coup d'œil,
Organe de l'ame,
De l'indifférence est l'écueil ;
Mais ce n'est que dans la bonté
Qu'on trouve la félicité,
Qui peut éterniser la flamme
Qu'allume la beauté.

AIR: *Que ne suis je la fougere.*

Vous paroiſſez interdite,
Et je n'en suis point surpris.

MARGOT.

Que n'ai-je votre mérite,
Mon cher Monsieur le Marquis !
Oui ma plus sincere envie
Eſt d'être aimable à vos yeux.
Que n'ai-je toute ma vie
Fait ce qui vous plaît le mieux !

LE MARQUIS.

Ma chere femme, oublions le paſſé.

MARGOT.

Je le voudrois bien.

LE MARQUIS.

AIR: *Vaudeville d'Epicure.*
L'Amour à la fin nous couronne,
Il nous dispenſe ſes bienfaits.

MARGOT.

Bienfaits... oui, je serai ſi bonne
Que vous ne vous plaindrez jamais.
Vous aimer, vous plaire ſans ceſſe
Sera mon plaiſir le plus doux.

LE MARQUIS.

L'aveu que fait votre tendreſſe,
Me fait tomber à vos genoux.

SCENE VII.

LE MARQUIS, MARGOT, LUCILE, LA MARQUISE.

LA MARQUISE *à Lucile, qui veut l'empêcher d'entrer.*

Quoi ! je n'entrerai pas chez-moi,
Otez-vous de mes yeux.

AIR : *O vous, puissant Jupin.*

O ! ciel, à ses genoux
Un perfide époux
S'offre à mon cœur jaloux !
C'étoit donc
Cette trahison,
Qui te contraignoit d'employer le poison !

Et toi effrontée ; mais que vois-je ? Ma parure, ma figure, est-ce mon portrait, ou moi-même ? Rêvé-je ? Où suis-je ?

MARGOT.

Mais c'est-là moi.

LE MARQUIS.

C'est une folle.

LA MARQUISE.

Quoi ! cruel, tu ajoutes l'insulte à la perfidie la plus noire : tu feins de ne pas me reconnoître ; le changement d'habit

a-t-il changé mes traits ! Cette glace !...
O ! ciel !

> *La Marquise jette la vue sur le miroir de la Toilette ; & se laisse tomber appuyée sur le dos du fauteuil, & paroît abimée dans la plus vive douleur.*

LE MARQUIS.

Lucile, quelle est cette femme ?

LUCILE.

C'est la femme de Jacques.

MARGOT.

C'est faux, c'est faux ; ce n'est pas elle.

LE MARQUIS.

Ecoutons, peut-être que par ses discours nous découvrirons.... Madame, ne craignez rien ; je vais la faire sortir. Sortez d'ici, que demandez-vous ?

LA MARQUISE.

AIR : *Monseigneur d'Orleans.*

O ! ciel ! j'ai tout perdu,
Mon cœur est convaincu,
Je sens tout le malheur
 De leur erreur :
 C'est fait de moi,
 Oui, je voi
 Qu'en moi le ciel
 Trop cruel,
 Ou ce Devin,
 Ce lutin,

Par un coup inhumain
A changé mes traits & mon destin.
  C'est en vain
  Que je me plains

LE MARQUIS.

Vous nous impatientez,
  Sortez, sortez.

LA MARQUISE.

O ! mon cher époux, écoutez,
Connoissez ce que je suis,
  Mon cher Marquis.

  Ici le Marquis sourit, Lucile rit tout à fait. Margot paroît rêveuse & s'approche de la Marquise, reconnoît ses hardes, de sorte que lorsque Jacques arrive, il se trouve entre elles deux.

Hélas ! on se moque de mes pleurs,
Et l'on se rit de mes douleurs.
  Je vais périr,
  Je vais mourir :
  Sans désespoir,
  Puis-je me voir
Devenir du plus haut état
La femme d'un scélérat ?
Perdre en un instant ma maison,
Mon rang, ma naissance & mon nom :
De ma fortune & de mon bien
Hélas ! il ne me reste rien.
     D ix

SCENE VIII.
Les Acteurs précédens, Me. JACQUES.

Me. JACQUES.
Suite de l'air précédent.
Qu'un mari pour te casser les bras....

MARGOT.
Ah! Jacques, ne me frappez pas.

LA MARQUISE.
O! ciel! voici mon bourreau, je tremble.

MARGOT.
Je pâlis.

LA MARQUISE.
Je frémis.

MARGOT.
Cachez-moi, M. le Marquis, je me trouve mal.

LUCILE.
Madame, entrez dans votre cabinet.

LA MARQUISE.
Dans son cabinet!

MARGOT.
Que ne suis-je encore Margot.

Me. JACQUES.
Madame, je demande pardon à votre grandeur.

LA MARQUISE.
Dans son cabinet !
LE MARQUIS.
Jacques, si c'est-là votre femme.
Me. JACQUES.
Oui, Monseigneur, pour mon malheur.
LE MARQUIS.
Hé bien, elle est folle.
LA MARQUISE.
Une autre femme ? O ! ciel ! Quoi ! mon cher Marquis.
LE MARQUIS.
Allez, ma bonne, allez.

AIR : *Raisonnez ma musette.*

Soignez bien sa personne.
LA MARQUISE.
Il m'appelle sa bonne,
Et je n'expire pas,
Que devenir, hélas !
Toi, si tu m'approches.
Me. JACQUES *tirant son tirepied.*
Marche.
LE MARQUIS.
Ne la frappez pas.
LA MARQUISE.
Je vais me tuer.
Me. JACQUES.
La mode en est passée, retourne à la maison, mets toi à filer ; & si je ne te

trouve pas à l'ouvrage, je veux que cinq cent mille millions....

LA MARQUISE.

O ! ciel !

Me. JACQUES.

Je vous demande pardon, Monseigneur, & à Madame la Marquise ; mais vous sçavez que quand on a une mauvaise femme...

SCENE IX.

LE MARQUIS, Me. JACQUES, LE DOCTEUR.

LE DOCTEUR.

AIR : *Hélas ! maman, pardonnez je vous prie.*

Jacques, arrêtez : apprenez un mystere
Qui vous regarde également tous deux ;
Pour me venger du pétulant caractere
De la Marquise & de ses procédés fâcheux,
J'ai fait ici dans ma juste colere
Deux changemens pour vous peut-être heureux.

J'ai fait transporter la Marquise chez Me. Jacques sous la figure de Margot, & Margot remplit ici le rôle de la Marquise.

OPERA-COMIQUE.

Me. JACQUES.

Quoi ! cette femme que j'ai tant.

LE MARQUIS.

Quoi ! la Marquife ? O Ciel ! Qu'apprends-je ?

Me. JACQUES.

Monfeigneur, reprenez votre femme.

LE MARQUIS.

Mais quel foupçon cruel !

LE DOCTEUR.

Ne craignez rien.

A I R. *Reveillez-vous, belle endormie*,
   Le noir Démon de la vengeance
   A feul dirigé mes travaux :
   Toujours filés par l'innocence
   Leurs deux deftins furent égaux.

Me. JACQUES.

Margot a donc été bien battue ?

LE MARQUIS.

A I R. *Quel plaifir d'aimer fans contrainte !*
   A quelque chagrin que je m'expofe,
   Recourez à la métamorphofe ;
   Je vous rendrai graces, fi fa peine
   A plus de douceur enfin l'amene.

LE MAGICIEN.

Je crois que vous pouvez l'efperer.

LE MARQUIS.

A I R. *Ah ! qu'on a bien fait d'inventer l'enfer.*
   Sans doute la Marquife attend
   Qu'on lui rende fa figure ;

LE DIABLE A QUATRE,

Me. JACQUES.

Mais ne vous dépêchez pas tant
Pour que la chose soit sûre ;

LE DOCTEUR.

Soyez en paix, il ne faut qu'un instant
Pour revenir à la nature.

Gardez un profond silence.

AIR. *Mais comment ses yeux sont humides.*

Par cette puissance efficace,
Qui remet les traits en leur place,
Qui ramene l'air méprisant
Dans les yeux des femmes qui mentent,
Si-tôt qu'elles se complimentent,
Qui change dans maint courtisan
L'air modeste en air suffisant,
Qui rend au poltron en furie
Sa crainte & sa poltronerie,
Qui, chez la veuve en ses douleurs,
Met des ris quand il faut des pleurs ;
Par ce pouvoir, que la Marquise
Reprenne sa forme surprise,
Et que la femme de Jacquot
Redevienne pour lui Margot.

Le changement est fait, ne me suivez pas.

SCENE X.

LE MARQUIS, Me. JACQUES.

LE MARQUIS.

Me. Jacques, me direz-vous la vérité?

Me. JACQUES.

Pourquoi pas?

LE MARQUIS.

Lorsque la Marquise....

SCENE XI.

LE MARQUIS, Me. JACQUES, LUCILE.

LUCILE.

AIR. *Le Port Mahon est pris.*

Ah! tout mon sang se glace,
J'étois, j'allois, j'ai vû face à face:
Ah! tout mon sang se glace:
Ah! Monsieur, écoutez,
Ecoutez, écoutez.
Oui, c'est la vérité,

LE DIABLE A QUATRE,

J'allois de ce côté
Dans cette galerie,
Là, cette femme à l'instant sortie,
Etoit évanouie ;
Je vais à son secours,
Et j'y cours, & j'y cours.
Je frappe dans sa main,
Je découvre son sein.
Ah ! que je suis surprise,
C'étoit, c'étoit, c'étoit la Marquise :
Ah ! que je suis surprise !
Elle m'a dit, hélas !
Mais tout bas,
Mais tout bas.

AIR. *Quand vous entendrez le doux Zéphir.*

Hélas ! Lucile, allez au Marquis,
Apprenez-lui mon malheur terrible :
S'il connoissoit l'état où je suis,
Il y seroit sensible.

AIR. *Le Port Mahon est pris.*

Margot est accourue,
Ainsi que moi tremblante à sa vûe,
Elle l'a secourue,
Et moi je viens ici ;
Les voici, les voici.

SCENE XII.

Les Acteurs précédens. LA MARQUISE *entre soutenue par Margot, & suivie de plusieurs domestiques, à qui elle adresse la parole.*

OUI, mes enfans, je suis sensible à vos attentions: que ce soit aujourd'hui un jour de fête pour vous, comme il le sera pour M. le Marquis & pour moi.

LE MARQUIS.

Madame, si-tôt que j'ai sçu votre peine, je l'ai fait cesser : le Docteur s'est vengé trop cruellement.

LA MARQUISE.

Monsieur, épargnez-m'en le souvenir : la douceur de Margot vous feroit regretter la paix de votre maison, si je ne m'efforçois de la faire durer.

Me. JACQUES.

AIR. *La fanfare de St. Cloud.*

Adieu donc, pauvre Marquise,
Et richesses & fracas,
Le travail, le froid, la bise
Vont encor suivre tes pas.

MARGOT.
Vas, je ne suis pas surprise,
Et je ne m'y plaisois pas;
Ce n'est qu'une friandise
Dont le cœur est bientôt las.

LUCILE.
Madame, j'ai eu le malheur de vous manquer.

LA MARQUISE.
Non, si vous n'avez pas manqué à Margot.

MARGOT.
Mon Dieu, non: c'est ma bonne amie. Baisez-moi, ma bonne amie.

Me JACQUES.
Madame voudra-t-elle bien oublier que ?....

LA MARQUISE.
Monsieur le Marquis, prêtez-moi votre bourse : Me. Jacques, je vous la donne pour le soufflet que je vous ai donné.

Me. JACQUES.
Ah, Madame ! il n'y a pas de quoi.

LA MARQUISE.
Quel bruit entends-je !

Les domestiques, derriere le Théâtre, font un bruit d'allegresse mêlé d'instrumens.

LUCILE.
Ce sont vos gens qui se divertissent.

LA'

LA MARQUISE.

Voulez-vous participer à leurs plaisirs?

LE MARQUIS.

Est-il rien de plus digne de nous que de rendre heureux ceux qui nous entourent?

En même tems la Scène change & rend la décoration du premier Acte: le Marquis & la Marquise se rangent sur un des côtés du Théâtre, les autres Acteurs se joignent aux Danseurs sous différentes attitudes, les Domestiques entrent de tous les côtés sur la Scene; le Cuisinier tire le Pere Ambroise par la main & le fait entrer malgré lui, il se défend, on lui arrache son bâton.

LUCILE.

Eh! où est donc sa vielle?

L'AVEUGLE.

Laissez-moi donc, finissez-donc, mon bâton; je ne veux pas y aller, on me battra.

LE CUISINIER.

N'ayez pas peur, Papa, notre Maîtresse à présent est la meilleure Maîtresse.....

L'AVEUGLE.

Il faut donc que le Diable s'en soit mêlé; car quand une méchante femme...

LE CUISINIER *lui mettant la main sur la bouche.*

Paix donc, elle est là.

L'AVEUGLE.

Oh! dame, je ne sçais pas ça, moi.

LA MARQUISE.

M. le Marquis, nous les gênons, laissons les se divertir. (*ils sortent*) Lucile, vous pouvez rester.

Me. JACQUES.

Allons, Pere, une chanson en rond.

L'AVEUGLE.

Vous me donnerez donc à boire?

Me. JACQUES.

Oui, oui.

L'AVEUGLE. *Ils se prennent par la main.*

Un petit coup de malheur
Est souvent un avantage ;
Un petit coup de malheur
Est souvent un grand bonheur.

Lorsque l'Aveugle dit: donnez-moi donc à boire, ils reprennent le refrain sans l'écouter & l'obligent de continuer.

Donnez-moi donc à boire.

Jeanne avoit des sabots neufs
Et les plus beaux du Village,
Que quelqu'un en eût des vieux,
Elle en disoit pis que rage.

Donnez-moi donc.

Un petit coup, &c.

OPERA-COMIQUE.

Chacun évitoit ses yeux,
Mais dans le fond d'un bocage,
Un petit coup, &c.
Le fils du Carillonneux
La poursuivit sous l'ombrage.

Donnez-moi donc.

Il mit son sabot en deux,
Il n'est plus bon qu'au chauffage,
Depuis cet instant facheux,
Jeannette est beaucoup plus sage.

Soyez ou droit ou boiteux,
Chauffez-vous à tout étage,

Donnez-moi donc.

Elle trouve tout au mieux,
Elle approuve tout usage.

Oh! je ne veux plus chanter vous vous mocquez de moi.

LE CUISINIER.

Allons, venez Pere, & vous nous jouerez une contredanse.

CONTREDANSE.

Me. JACQUES, *sur l'air de la Contredanse.*

Mon sistême
Est d'aimer le bon vin ;

Mes Amis, & ma femme qui m'aime,
Quelque peu d'ouvrage & point d'chagrin;
C'est l'vrai bien,
Ou je n'y connois rien.
De l'argent gros comme une futaille
Ne nous rend ni joyeux ni plus sain;
La gaïeté sur un siége de paille
Se plaît mieux que sur un d'maroquin.

  Mon sistême, &c.

Not'bonheur est dans not'caractère,
Un Méchant ne rit presque jamais;
Mais un Gars toujours prêt à bien faire,
Vit content & vit toujours en paix.

  Mon sistême, &c.

Si l'bonheur étoit dans l'opulence,
Dans les respects, dans les coups de chapiau,
Pour me mettre au milieu d' la Finance,
Je vendrois jusqu'à mon escabiau.

Mon sistême est d'aimer le bon vin;
Mes Amis, &c.

OPERA-COMIQUE.
LES ARIETTES,
DU DIABLE A QUATRE.

Oui, oui, je veux en sortir, J'en jure, l'in-ju-re ne peut se sou-tenir. Je ne le puis souffrir; Oui, oui, c'est trop lomgtens souf-frir, C'est trop; j'en veux sor-tir, A moi des coups, Je ne puis le souffrir; A moi des coups, Ah! c'est trop en souffrir. L'affront ne peut se soute-

LE DIABLE A QUATRE,

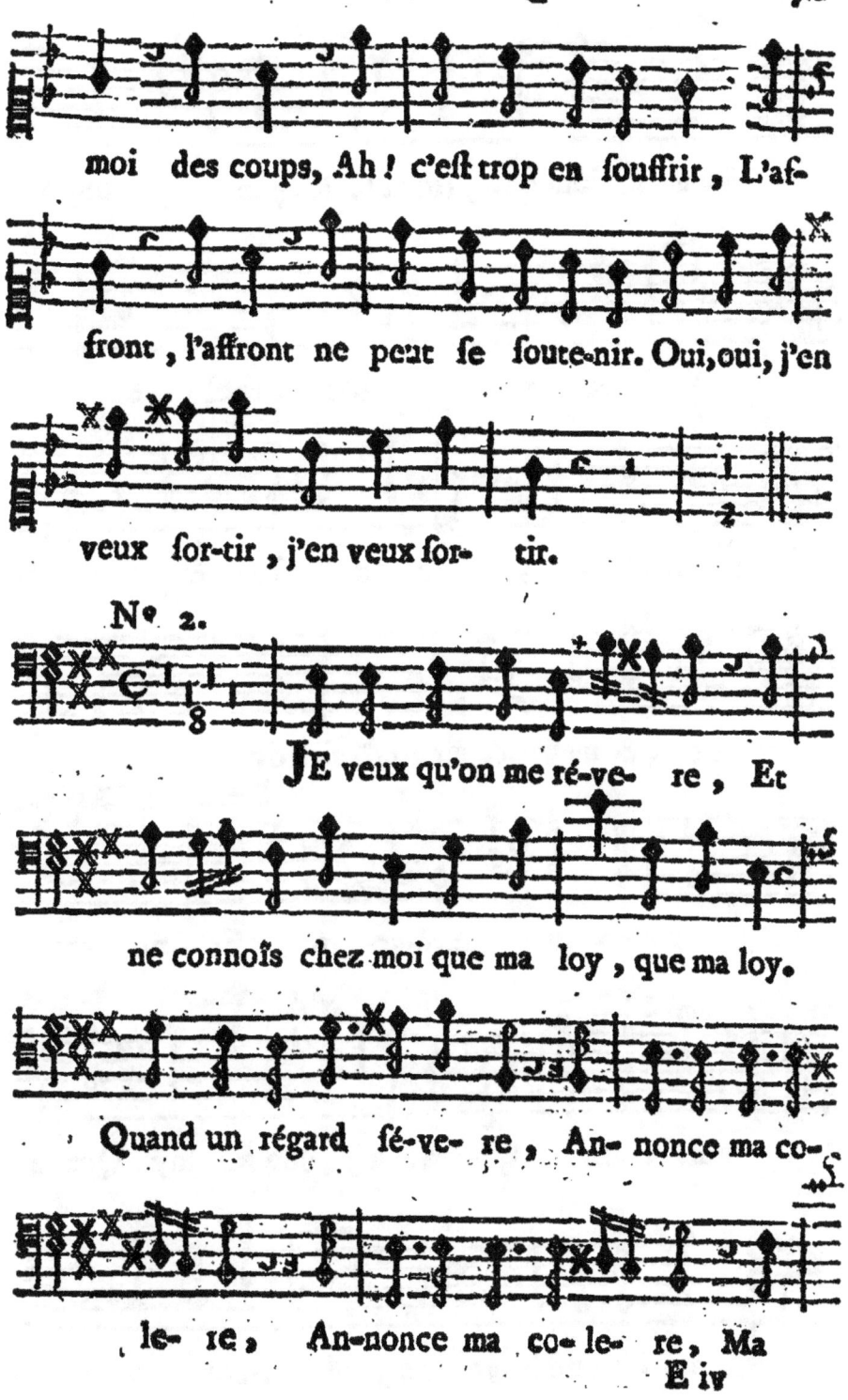

OPERA-COMIQUE. 73

le- re, An-non-ce ma co- le- re, Ma

femme se tient coy, tremble à part soy, songe à se

tai- re, Tremble, tremble & meurt d'ef-

froy, Et meurt d'effroy, Et meurt d'ef-

froy. Quand un regard sé- ve- re, An-

non-ce ma co- le- re, el-le se tient

coy, Et meurt d'ef-froy, & meurt d'ef-

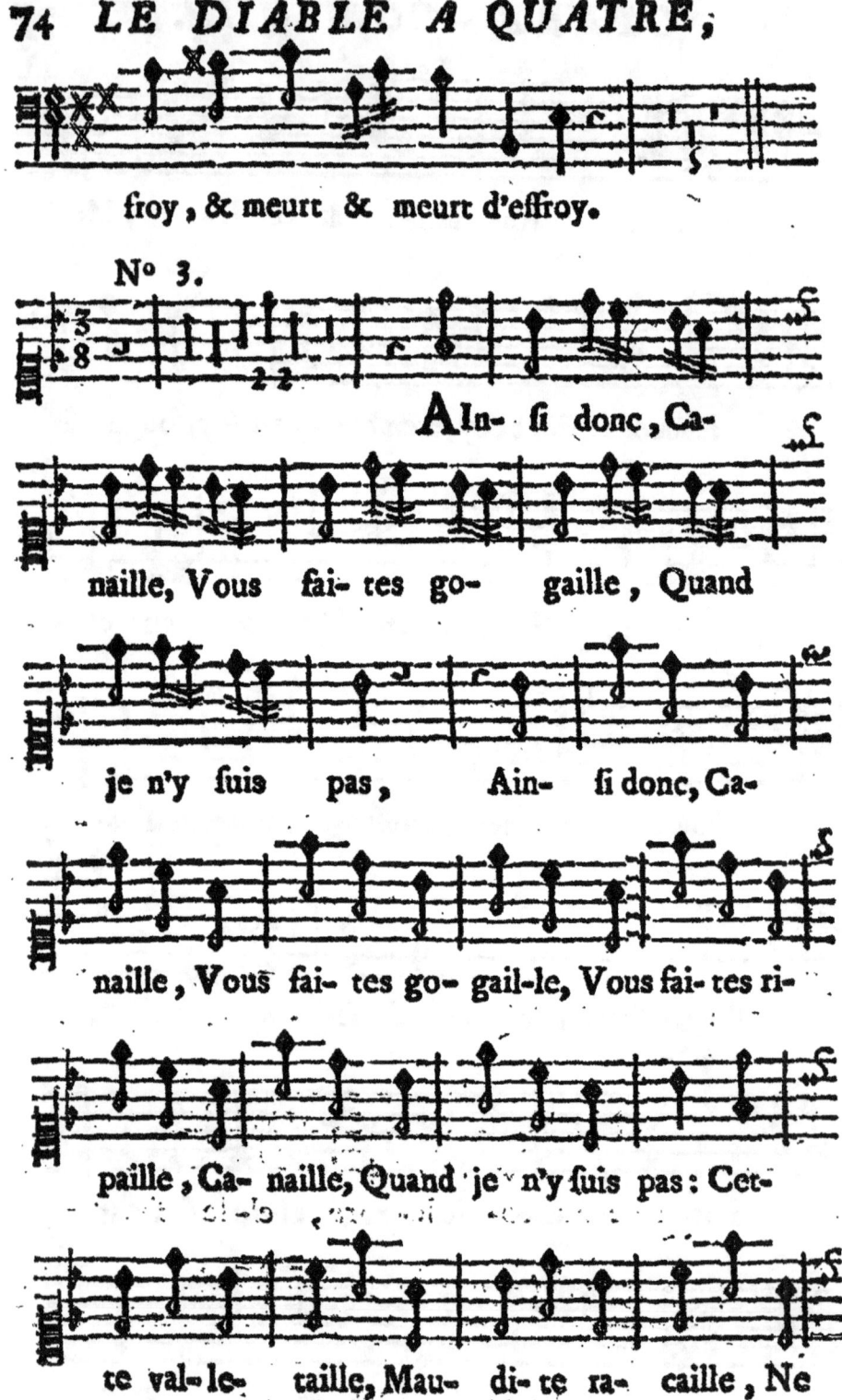

OPERA-COMIQUE.

fait rien qui vaille, Des maîtres se rail-le, Et sans embar- ras, Prend toujours ses é-bats, Chante rit aux é- clats, au mi- lieu du fra- cas, Et des pots & des plats, Des maî-tres se rail-le, Et prend ses é- bats, En fai- sant go- gail-le, Quand je n'y suis pas, Quand je n'y suis pas, Quand je n'y suis pas. Ain- si donc, Ca-

OPERA-COMIQUE.

gail-le, Quand je n'y suis pas, Quand je n'y suis

pas, Quand je n'y suis pas.

No. 4.

EN grand si- lence, Avec pru-

dence, Faisons dé- penfe, D'un doigt de bran de

vin, Oui, pour l'ou- vra- ge, Ce doux breu-

va- ge, Donne en- par- ta- ge Plus

de cou- ra- ge, Tout homme sa- ge En

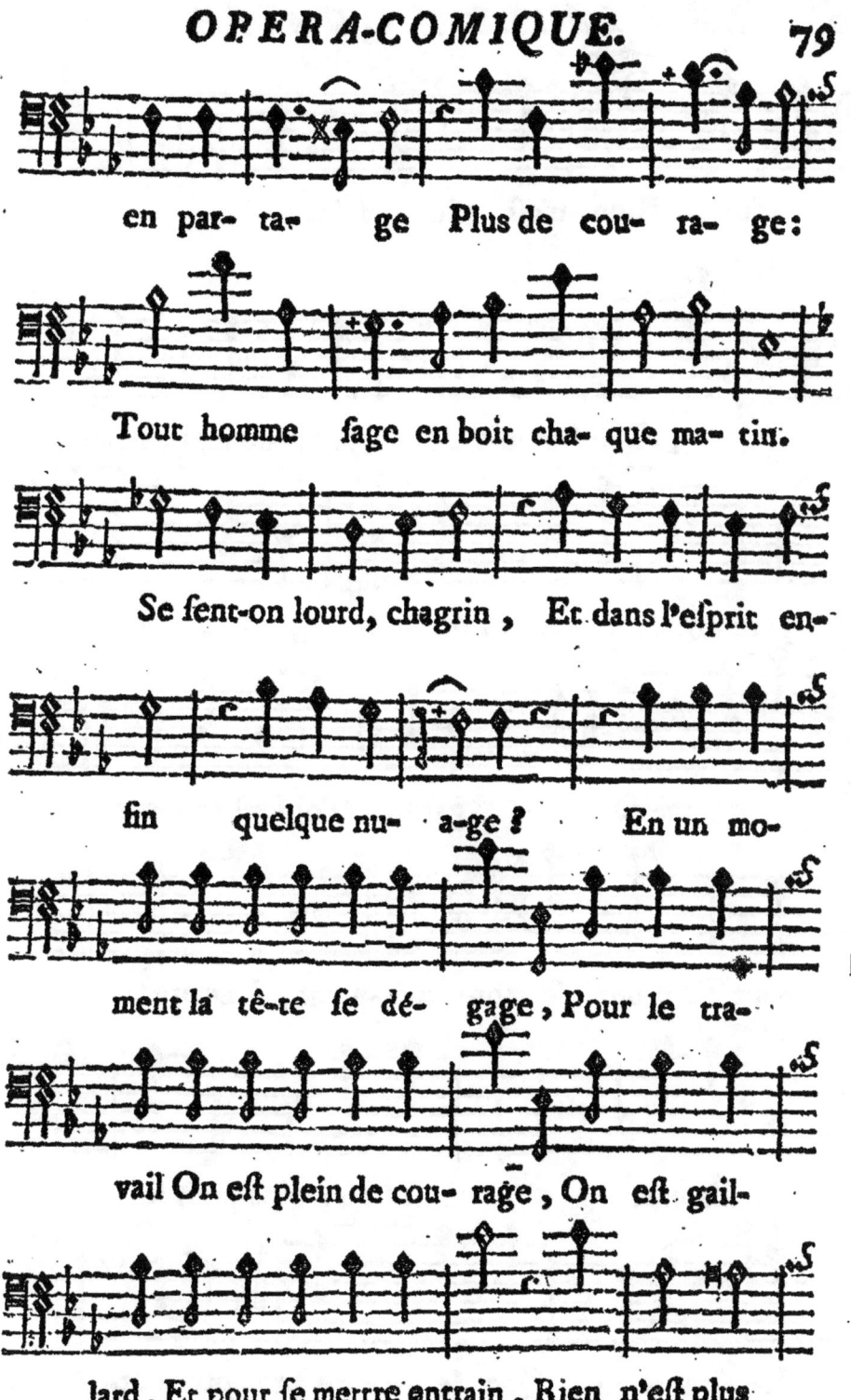

OPERA-COMIQUE.

86 LE DIABLE A QUATRE;

N° 7. **ARIETTE**, qui a été chantée à la premiere répréfentation Acte III.

D'Un ten- dre A-mant qu'un é-

poux eft dif- fe- rent ! L'un vous cherche à

tout moment, Toujours plein d'em-preffe-

ment, Il fe fait un cruel tourment Du moindre em-

pêche-ment, Quelque fois il s'en plaint a-

moureufe- ment, Ah ! qu'un a-mant d'un é-

poux eft diffe- rent ! Plein d'empreffement

OPERA - COMIQUE. 87

Un fi- dele amant, si-tôt qu'on l'appel-le, près de vous vo- le à l'instant, Il vous cherche à tout mo- ment, Il vous cher- che a-vec em- presse- ment, Oüi un a- mant fi- dele, si-tôt qu'on l'ap- pel- le, près de vous vo- le à l'instant, vo- le à l'instant, vo-

F iv

LE DIABLE A QUATRE,

Les ARIETTES sont de M. de BEAURAN.

APPROBATION.

J'AI lû par ordre de Monseigneur le Chancelier, *Le Diable à quatre*, Opera-comique, & je crois que l'on peut en permettre la représentation & l'impression. A Paris, ce 1. Février 1757.

CREBILLON.

Le Privilége & l'Enregistrement se trouvent à la fin du recueil des Opera-Comiques.

Recueil de nouvelles Piéces de Théâtre imprimées depuis 1747 jusqu'à ce jour.

Du Théâtre François.
De M. de Voltaire.
Alzire, Tragédie, *in-8*.
Zaire, Tragédie, *in-8*.
Mahomet, Tragédie, *in-8*.
La Mort de César, Tragédie, *in-8*.
Hérode & Mariamne, Tragédie, *in-8*.

Le Magnifique, Comédie.
La double Extravagance, Comédie.
Benjamin, ou la reconnoissance de Joseph, Tragédie.
Alexandre, Tragédie.
Les Hommes, Comédie-Ballet.

De M. Piron.
L'Ecole des Peres, Comédie.
Calisthène, Tragédie.
Les Courses de Tempé, Pastorale.
Gustave, Tragédie.
La Métromanie, Comédie.
Fernand Cortès, Tragédie.

De differens Auteurs.
Les Souhaits, Comédie.
Vanda, Reine de Pologne, Tragédie.
Le Plaisir, Comédie avec un Divertissement.
La Colonie, Comédie.
Califte, ou la belle Pénitente, Tragédie.
Cénie, Piéce Dramatique en 5 Actes.
Le Valet Maître, Comédie.
Varon, Tragédie.
La Métempsicose, Comédie.
Les Engagemens indiscrets, Comédie.
Les Adieux du Goût, Comédie.
Les Tuteurs, Comédie.
Mérope, Tragédie.
La Folie & l'Amour, Comédie.
La Gageure de Village, Comédie.
La Coquette corrigée, Comédie, 1757.

DU THÉATRE ITALIEN.
De M. de Boissy & autres Auteurs.
Le Retour de la Paix, Comédie.
Le Prix du Silence, Comédie.
La Frivolité, Comédie.

L'Amante ingenieuse, Comédie.
L'Héritier généreux, Comédie.
Le Philosophe dupe de l'Amour, Comédie.

Les Veuves, Comédie.
Le Miroir, Comédie.
Le Bacha de Smirne, Comédie.
Les parfaits Amans, Comédie.
La mort de Bucephale.
L'Année Merveilleuse, Comédie.
Alceste, Divertissement.
Les Femmes, Comédie-Ballet.
Brioché, Parodie.
L'Amant déguisé, Parodie.
Le Prix des Talens, Parodie.
Les Jumeaux, Parodie.
La Pipée, Comédie.
Musique de la Pipée.

De *M. de Voisenon.*

Les Mariages assortis, Comédie.
La Coquette fixée, Comédie.
Le Réveil de Thalie, Comédie.
L'Ecole du monde, Comédie.
Le Retour de l'ombre de Moliere, Comédie.
La fausse Prévention, Comédie.

La Partie de Campagne, Comédie.
La Gageure, Comédie.
Les Petits-Maîtres, Comédie.
Le Provincial à Paris, Comédie.
La Feinte supposée, Comédie.
La Fausse inconstance, Comédie.
Le Retour du Goût, Comédie.
Les Lacédémoniennes, Comédie.
Le prix de la beauté.
La Campagne, Comédie.
L'Epouse suivante, Comédie.
Les Fêtes Parisiennes, Comédie.

Ouvrages de M. VADÉ.

La Pipe cassée, Poëme de M. Vadé.
Les quatre Bouquets Poissards.
Les Lettres de la Grenouillere.

Opera-Comiques depuis 1752, *du même Auteur.*

La Fileuse, Parodie.
Le Poirier.
Le Bouquet du ROI.
Le Suffisant.
Les Troqueurs & le Rien, Parodies.
Airs Choisis des Troqueurs.
Le Recueil de Chansons avec la Musique.
Le Trompeur trompé.
Il étoit tems, Parodie.
La nouvelle Bastienne.

Le divertissement de la fontaine de Jouvence.
Les Troyennes de Champagne.
Jerôme & Farchonnette, Parodie.
Les trois complimens de Clôture.
Le Confident heureux.
Follette ou l'enfant gâté.
Nicaise, Opera Comique.
Les Racoleurs, Opera-Comique.
L'Impromptu du cœur.

De M. FAVART, & autres Auteurs.

L'Amour au Village.
La Fête d'Amour, Comédie.
Les jeunes Mariés.
Les Nymphes de Diane, avec la Musique.
L'amour Impromptu, Parodie.
Le Mariage par escalade, Opera-Comique.

Le Troque, Parodie des Troqueurs avec la Musique, 3 l. 12 s.
La Magie inutile.
L'heureux Accord.
L'heureux Evenement.
Le Retour favorable.
La Rose ou les Fêtes de l'Hymen.
Le Miroir Magique.
Le Rossignol.
Le Monde renversé.
Le Calendrier des Vieillards.
La Coupe enchantée.
Les Filles.
Le Plaisir & l'innocence.
Les Boulevards.
L'Ecole des Tuteurs.
Zéphire & Flore.
Bertolde à la Ville, avec les ariettes.
La Péruvienne.
Le Chinois poli en France.
Les Fra-Maçonnes.
L'Impromptu des Harangeres.
La Bohémienne, Parodie, avec la Musique.
Les Amans trompés, Opera-Comique.
Les Amours Grenadiers.
Le Diable à quatre, avec les ariettes. 1757.

Choix de Piéces plaisantes représentées sur différens Theatres Bourgeois.

L'Eunuque, Parade.
Agathe, ou la chaste Princesse, Parade.
Syrop-au-cul, Parade.
Le Pot-de-Chambre cassé, Tragédie pour rire, &c.
Madame Engueule, Parade.
Les deux Biscuits, Tragédie.

Le Marchand de Londres, Tragédie Bourgeoise. *in-12.*
Momus Philosophe, Comédie.
L'Electre d'Euripide, Tragédie.
Abaillard & Héloïse, Piéce Dramatique.
L'Orphélin, Tragédie Chinoise.
La Mahonoise. Comédie.

Suite des Piéces anciennes & nouvelles qui se vendent séparément.

TRAGEDIES.

Absalon, Tragédie Chrétienne, *de Duché.*
Adherbal.
Agesilas.
Agrippa, *ou le faux Tibere.*
Alcibiade.
Alexandre.
Andromaque.
Antiochus.
Arrie & Petus.
Artaxercès.
Athénaïs.
Atrée & Thyeste.
Arminius.
Argelie.
Amazones.
Bradamante.
Brutus, *de Mad. Bernard.*
Bajazet.
Berenice.
Britannicus.
Catilina, *de Crebillon.*
Cassius & Victorius.
Cinna.
Corresus.
Cyrus.
Circé.
Cléopatre.
Cornelie.
Celephonte.
Danaïdes.
Debora, *de Duché.*
Edouard.
Electre, *de Crébillon.*
Electre, *de Longepierre.*
Erigone.
Esther.
Esther, *de Racine.*
Gabinie.
Géta.
Germanicus.
Habis.
Héraclius.
Herode, *de l'Abbé Nadal.*
Horaces.
Idomenée.
Iphigénie.
Jonathas, *de Duché.*
Judith.
Machabées (les) *de la Mothe.*
Mahomet second.
Mariamne, *de Tristan.*
Marie Stuart.
Méléagre.
Mithridate.
Oreste & Pilade.
Phaëton.
Pelopé.
Penelope.
Polieucte.
Polixene.
Pirrhus *de Crébillon.*
Pertharide.
Phedre & Hippolite.
Penthée.
Rhadamiste & Zénobie.
Rome sauvée.
Saül.
Scevole.
Semiramis, *de Voltaire.*
Semiramis, *de Crebillon.*
Soliman.
Sophronisme.
S. Genest.
Theglis.
Thésée.
Tibere.
Théodat.
Thébaïde.
Thomyris.

Thémistocle. Vorceste, ou la Vengeance.
Théodore. Virginie.
Toison d'or. Xercès, *de Crébillon.*
Venus & Adonis. Zaïde.

Comédies en cinq Actes.

Apparence trompeuse.
Amitié Rivale.
Amans magnifiques.
Andrienne.
Baron d'Albicrax.
Comédie sans titre, ou Mercure Galand.
Capricieux.
Coquette.
Curieux impertinent.
Crispin Musicien.
Dames vengées.
Démocrite.
Dépit Amoureux.
Devineresse.
Distrait.
Dom Garcie de Navarre.
Dom Bernard.
Dom Sanchez d'Arragon.
Ecole des Filles.
Ecole des peres.
Esope à la Cour.
Esope à la Ville.
Embarras du Choix.
Enfans de Paris.
Etourdi ou le Contre-tems.
Esprit Follet.
Femmes sçavantes.
Festin de Pierre.
Freres Gemeaux, ou les Menteurs.
Francs-Maçons.
Folle Gageure.
Griselde.
Homme à bonne fortune.
Ingrat.
Irrésolu.
Joueur, *de Renard.*
Légataire universel.
Menechmes.
Malade imaginaire, *de Moliere.*
Nobles de Province.
Orontes (trois).
Pedant joué.
Psiché.
Plaisirs de l'Isle enchantée.
Parisien.
Turcaret.
Trahison punie.
Venceslas.
Visionnaires.

Piéces en 1. 2. & 3. Actes.

Alcibiade.
Amphitrion.
Amant Amante.
Amours indiscrets.
Amour Medecin.
Amour Diable.
Amour Castillan.
Amant déguisé.
Après-soupé.
Attendez-moi sous l'orme.
Aveugle clair-voyant.
Avocat patelin.
Aventure de nuit.
Amazones.
Babillard.
Ballet de vingt quatre heures.
Bal d'Auteuil.
Bal.
Basile & Quitrie.
Belphegor.
Bon Soldat (le).
Cartouche.
Chasse du cerf.
Cocher imaginaire.
Capricieux.
Comtesse de Scarbagnas.
Crispin, Rival de son Maître.

Comédie du Comédien.
Coupe enchantée.
Cocu imaginaire.
Crispin, Médecin.
Charivary.
Concert ridicule.
Diable boiteux.
Deuil.
Delie, Pastorale.
Ecole des Jaloux.
Ecole des Maris.
Ecole du Tems.
Eaux de Bourbon.
Enlevement.
Epreuve réciproque.
Famille extravagante.
Famille.
Faulcon.
Fausse antipathie.
Faux indifférent.
Femme, Fille & Veuve.
Festes du Cours.
Feint Polonois.
Fleuve d'oubli.
Foire saint Laurent.
Folies amoureuses.
Foire de Bezon.
Foire S. Germain.
Foire d'Hambourg.
Faculté vengée.
Françoise italienne.
Fragmens de Moliere.
François à Francfort.
Galand Coureur.
Galand Jardinier.
Grande Métamorphose.
Indiscret, *de Voltaire.*
Impromptu de Versailles.
Impromptu de la Folie.
Impromptu de Surenne.
Italien marié à Paris.
Jaloux invisible.
Jeux Olympiques.
Je vous prends sans vert.

Je ne sçais quoi.
Mariannes (quatre), Opera-Comique.
Mauvais Ménage.
Médecin volant.
Mélicerte.
Métamorphoses amoureuses.
Merlin Dragon.
Médée & Jason, Parodie.
Mort vivant.
Metempsicose.
Mascarades amoureuses.
Momus Fabuliste.
Ombre de Moliere.
Opérateur Barry.
Pere prudent, *de Marivaux.*
Philantrope.
Pourceaugnac.
Portrait.
Paniers (les)
Plaideurs.
Plutus.
Précieuses ridicules.
Pelerins de la Méque, Opera-Comique.
Proverbes.
Pouvoir de la Sympathie.
Rendez-vous.
Retour imprévu.
Roi de Cocagne.
Rue Merciere.
Rencontre imprévue.
Rival de lui-même.
Rival supposé.
Sicilien.
Souffleurs.
Soupé mal aprêté.
Souhaits.
Syla, Piéce Dramatique.
Triomphe du tems.
Trois Cousines.
Trois Garçons.
Vendanges de Surenne.
Vendanges d'Anieres.

www.ingramcontent.com/pod-product-compliance
Lightning Source LLC
LaVergne TN
LVHW050636090426
835512LV00007B/894